I0123137

# LE
# PÉNITENCIER

## AGRICOLE ET INDUSTRIEL

# DE MARSEILLE,

PAR

## M. L'ABBÉ FISSIAUX.

(Extrait du *Correspondant*, 4ᵉ livraison, 15 avril 1843.)

### AVIS.

La Chapelle du Pénitencier de Marseille vient d'être incendiée : M. l'abbé Fissiaux fait un appel à la charité des personnes qui s'intéressent à cet établissement.

Les offrandes sont reçues au bureau du *Correspondant*, rue Cassette, nᵒ 8, à Paris.

## PARIS

### V.-A. WAILLE, LIBRAIRE-ÉDITEUR;

RUE CASSETTE. 8.

# LE

# PÉNITENCIER

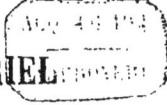

## AGRICOLE ET INDUSTRIEL

# DE MARSEILLE,

PAR

## M. L'ABBÉ FISSIAUX.

(Extrait du *Correspondant*, 4ᵉ livraison, 15 avril 1843.)

## PARIS

V.-A. WAILLE, LIBRAIRE-ÉDITEUR,

RUE CASSETTE, 8.

# LE PÉNITENCIER

## AGRICOLE ET INDUSTRIEL

# DE MARSEILLE.

De toutes les applications du système pénitentiaire, la plus intéressante est assurément celle qui a les enfants pour objet. Les amener au bien sous la double influence de la religion et du travail, tel est le but que poursuit depuis plusieurs années M. l'abbé Fissiaux, chanoine honoraire de Marseille et d'Alger.

L'établissement créé par lui et celui de Mettray sont les plus considérables que la charité ait destinés à l'amélioration des jeunes détenus. Celui de M. Fissiaux offre un moyen particulier et nouveau : celui de la fondation d'un institut religieux consacré à ce genre de bonne œuvre.

Le rapport lu par lui dans une des réunions du Cercle catholique, le 20 mars 1843, donne un aperçu des moyens qu'il emploie, des difficultés qu'il a traversées, des résultats auxquels il est parvenu. Nous lui avons témoigné le désir de le publier; il y a consenti.

Nous sommes assuré de l'intérêt que nos lecteurs attacheront à une si précieuse communication.

« De nombreuses demandes de renseignements sur l'œuvre à laquelle se voue notre Société de Saint-Pierre nous ont été adressées par plusieurs des honorables membres de la commission administrative du Cercle catholique. Nous nous estimons heureux d'accéder à ces désirs, en communiquant à l'assemblée qui nous fait l'honneur de nous écouter un rapport sur les premiers résultats de nos soins pour la réforme des jeunes délinquants. Nous avons l'espoir, Messieurs. que ce rapport, quelque imparfait qu'il soit, fera connaître nos vues et nos

plans pour arriver à l'amélioration morale d'enfants plus malheureux que coupables, et qui néanmoins seraient devenus un
jour l'opprobre et l'effroi de la société, si la religion ne leur avait
pas tendu une main secourable et ouvert un asile protecteur.

« Toutefois, Messieurs, un rapport sur notre établissement
nous paraît difficile à présenter d'une manière exacte; nous
sommes encore de trop fraîche date pour qu'il soit possible de
bien préciser les résultats obtenus et affirmer qu'ils seront po-
sitifs et durables; d'ailleurs nous avons encore, au milieu de
nos enfants, d'infortunés jeunes gens qui nous sont venus des
prisons départementales après un séjour de deux et trois ans,
et vous savez, Messieurs, que ces prisons étaient, avant les sages mesures que vient de prendre le gouvernement pour en
réformer les abus, des écoles publiques de vol, des repaires où
nos malheureux enfants étaient livrés aux désordres les plus
honteux comme aux vices les plus dégoûtants; là, le crime était
enseigné en théorie, là aussi on le mettait constamment en pratique. Tant que nous ne serons pas débarrassés de ce vieux le-
vain, tant que ceux de nos enfants qui ont vécu avec ces brebis
galeuses seront encore dans notre maison, nous aurons beaucoup à faire pour préserver de la corruption les nouveaux ar-
rivés; nous ne pourrons opérer leur amélioration qu'avec beaucoup de lenteur, et partant, ne présenter que plus tard des
résultats qui seront alors, comme nous l'espérons et le pré-
voyons, satisfaisants sous tous les rapports.

« Ce fut, Messieurs, en 1838, à une époque où nous avions
l'espoir de retrouver le calme et la tranquillité dont il ne nous
avait plus été permis de jouir depuis les jours de funèbre mémoire de 1835 et 1837, alors que, tout occupés de la direction
d'une œuvre qui sera toujours chère à notre cœur, *la Providence pour les filles pauvres, orphelines du choléra*, nous n'avions
d'autre ambition que celle d'y consacrer tous les instants de
notre vie; ce fut, dis-je, à cette époque qu'un homme élevé et
par le rang qu'il occupe dans notre département, et par les
hautes qualités de cœur et d'intelligence qui le distinguent (1),
nous proposa de réaliser à Marseille ce qu'un bon prêtre, aujourd'hui pontife vénéré et successeur du grand Augustin, avait
créé à Bordeaux. Franchement, Messieurs, nous l'avouerons

(1) M. de Lacoste, préfet du département des Bouches-du-Rhône.

avec simplicité, nous ne nous attendions nullement à la proposition qui nous fut faite de nous charger de la création d'un pénitencier de jeunes détenus ; nous n'avions pas étudié la question pénitentiaire ; ce nous semblait une témérité de nous engager dans une carrière aussi nouvelle, dans une voie aussi inconnue. Nous exposâmes nos craintes et nos répugnances ; mais enfin il fallut céder à d'honorables instances, surtout lorsque le chef spirituel du diocèse étendit les mains pour nous bénir, nous ordonnant, au nom de Dieu, d'aller défricher une terre couverte de ronces et d'épines.

« Nous nous mîmes donc à l'œuvre ; un local fut choisi et approprié à sa nouvelle destination, et quelques mois après, rien ne s'opposant plus à l'ouverture du pénitencier industriel, il fut inauguré le 7 mars 1839.

« Le même jour arrivèrent au pénitencier les premiers enfants confiés à nos soins. Pauvres enfants ! nous nous souvenons encore du déchirant spectacle qui s'offrit alors à notre vue : de méchants haillons recouvraient à peine les membres amaigris de ces malheureux détenus ; leurs bras si jeunes et si frêles encore portaient l'empreinte des chaînes dont ils avaient été chargés ; leurs pieds étaient ensanglantés et leur chevelure en désordre ; des insectes dégoûtants les rongeaient ; tous étaient atteints d'une affreuse maladie, triste fruit de déplorables habitudes et de communications infâmes avec des monstres qui achetaient pour un sou le droit de se vautrer dans la boue du vice avec ces tristes victimes de la plus honteuse brutalité. Aussi les visages pâles et défaits de ces pauvres enfants disaient assez haut qu'à une aussi profonde misère était jointe une effroyable corruption morale ; il n'y avait dans l'âme de ces êtres dégradés aucun sentiment de religion ou de probité. Habitués à la vie oisive, au vagabondage, au vol, la plupart étaient venus déjà plusieurs fois s'asseoir sur les bancs de la police correctionnelle ; la prison était leur demeure, d'hiver surtout ; là on était nourri et chauffé. Il est vrai qu'on se promettait d'habiter plus tard le bagne, où l'on gagne de l'argent en ne faisant rien, où l'on s'abrutit à son aise, dégagé désormais des embarras de la pudeur.

« Tels étaient nos enfants, Messieurs, décidés à résister à tous les moyens que nous voulions employer pour les ramener au bien et leur faire prendre des habitudes d'ordre, de travail et d'honnêteté; et cependant il fallait guérir tous ces maux, refaire ces existences, ressusciter ces morts, réveiller ces consciences, parler à ces cœurs flétris, rallumer ces flambeaux éteints, sauver au moins ces âmes; il le fallait, Messieurs, pour accomplir notre devoir; et certes, quoique ce ne fût point facile, nous avions confiance en Celui qui *fait guérissables les hommes et les nations*, et notre espoir ne devait point être déçu.

« Qui comprendra néanmoins les tourments que nous avons endurés dans les commencements! Ces natures féroces et abruties ne se façonnaient pas aisément; d'ailleurs nous étions peu secondés et nous n'avions nous-mêmes que bien peu d'expérience. Pour arriver à nos fins, la douceur et la rigueur furent employées tour à tour: rien ne paraissait réussir. Pendant plus d'un an, chaque semaine était marquée par une révolte; nos oreilles étaient constamment souillées par des propos affreux; des menaces nous étaient adressées, à tel point qu'il était vraiment dangereux de mettre des outils entre les mains des détenus, car on pouvait craindre qu'ils n'en fissent usage contre leurs gardiens. En deux circonstances, des personnes de la maison ont failli être les victimes de leur dévouement, et n'ont dû qu'à un hasard providentiel de n'être point assassinées. Au reste, nos enfants nous ont avoué plus tard qu'ils n'avaient alors qu'une seule idée: celle de nous obliger à renoncer à notre entreprise, et qu'ils avaient mis leurs efforts en commun pour nous lasser et nous forcer à les renvoyer dans ces cloaques d'où nous les avions tirés, préférant la vie oisive et les coupables passe-temps des prisons départementales à une vie laborieuse et aux sages conseils que nous et nos collaborateurs ne cessions de leur prodiguer. Oh! que de fois, le cœur brisé par mille angoisses, nous fûmes tentés d'exaucer les vœux insensés de ces enfants! Mais la Providence ne l'a pas permis; elle nous a donné la patience et a ranimé notre volonté; de meilleurs jours, des consolations inattendues devaient plus tard nous dédommager de nos peines et de nos pesantes sollicitudes.

« Les parents des jeunes détenus n'étaient guère mieux disposés à notre égard; au dehors ils mettaient en jeu tous les moyens imaginables pour faire échouer l'entreprise: intéressés apparemment à ce que nos pauvres enfants apprissent à fond le métier de voleurs auprès des habiles, ils auraient ameuté volontiers la populace contre les directeurs de l'établissement. Pour y réussir ils faisaient courir les bruits les plus étranges sur le régime disciplinaire de la maison ; — ils nous accusaient de distribuer largement les coups de fouet, pour punir les fautes les plus légères ; nos cachots, toujours occupés, manquaient d'air ; la nourriture était malsaine ; nous battions monnaie sur la poitrine de nos malheureux détenus, et même plusieurs d'entre eux étaient morts, disait-on, par suite des privations et des mauvais traitements que nous leur faisions subir dans notre barbare sévérité. — Les familles moins mauvaises avaient fini par croire à ces faits imaginaires, et même des hommes graves avaient peine à repousser ces calomnies et à ne pas leur donner accès dans leurs esprits, tant ces idées avaient pris de consistance ! Pour convaincre le public du contraire, nous ouvrîmes alors les portes du pénitencier à tous les visiteurs, et peu à peu cessèrent contre nous ces inconcevables et injustes préventions.

« Tels furent nos commencements, Messieurs, pleins d'ennuis et de contradictions. Cependant, après une année d'efforts, les premiers fauteurs des troubles et du désordre devinrent moins hostiles, par hypocrisie peut-être ; ils finirent par se rendre ; d'ailleurs ils avaient appris par leur expérience qu'ils ne gagnaient rien à se comporter aussi mal, et que, résolus que nous étions à ne jamais reculer, pas même devant le danger, il n'y avait pas moyen de nous rendre moins fermes, et qu'il fallait obéir au règlement bon gré malgré. Nous profitâmes de ces premiers symptômes d'amélioration pour distribuer des récompenses aux bons travailleurs et accorder des louanges aux moins mauvais ; ces encouragements engagèrent quelques enfants à mieux faire : le reste nous vint avec du temps et de la patience.

« A cette époque, Messieurs, nos yeux s'étaient ouverts tout à fait sur l'étendue du mal qu'il fallait guérir et sur la grandeur de nos devoirs ; mais nous manquions d'expérience ; nous voulûmes en acquérir, et pour cela nous nous résolûmes à visiter tous les pénitenciers de France, ces études ne pouvant manquer de nous être très-profitables.

« Il serait trop long de raconter ici tout ce que nous avons vu dans les divers pénitenciers du royaume ; mais peut-être ne serez-vous pas fâchés, Messieurs, de connaître quelques-unes des impressions que nous reçûmes dans ces visites.

« Le premier pénitencier que nous eûmes à étudier fut celui

de Paris. Soumis depuis peu à un nouveau régime, les jeunes
détenus y étaient cellulés de nuit et de jour. Nous ne vous ca-
cherons pas, Messieurs, que nous fûmes grandement étonnés de
cette application du système pensylvanien faite à des enfants,
application, du reste, qui n'a jamais été essayée à leur égard,
même à Philadelphie, et qui dans notre opinion peut être en cer-
tains cas et pour certaines natures bien plus nuisible qu'utile.
Cependant, hâtons-nous de le dire, si nous exprimons franchement notre façon de penser sur un système que nous avons des
raisons de croire dangereux pour la jeunesse, dans des circonstances données, nous n'entendons pas blâmer pour cela la discipline introduite dans la maison de la Roquette pour l'amélioration morale des jeunes détenus. L'honorable M. Delessert avait à
vaincre de si graves difficultés et à combattre de si grands vices,
lorsqu'il a adopté l'isolement complet de nuit et de jour, qu'on
ne peut que le féliciter, au contraire, d'avoir essayé de ce moyen
pour arrêter la corruption qui coulait à plein bord dans ce pénitencier; mais néanmoins nous sommes intimement convaincus
qu'il y aurait mieux à faire. Comme nous, beaucoup d'autres
visiteurs de la Roquette ont remarqué que, si ces enfants paraissent soumis et résignés à leur sort, doux et honnêtes, studieux
et bons travailleurs, on ne peut cependant pas être assuré de
la franchise de ces marques extérieures de retour vers le bien;
il y a chez ces jeunes détenus un je ne sais quoi qui ne satisfait
pas complétement les visiteurs; ces visages ne sont pas épa-
nouis, ces fronts ne sont pas sereins, ces cœurs ne sont pas bien
ouverts; bref, nous avons tant vécu avec les enfants qu'il est
bien peu de leurs secrets intimes que notre œil ne découvre, et
nous croyons qu'au pénitencier de la Roquette le feu dévorant
du vice est encore caché sous la cendre. Oui, nous l'espérons,
et d'autres aussi l'espèrent avec nous, encore quelques années,
et la plupart des malheureux détenus que nous avons visités
dans leurs tristes réduits seront transférés dans les colonies
agricoles, où déjà quelques-uns de leurs compagnons goûtent le
bonheur attaché à la vertu et au repentir sincère. La cellule
restera, car elle est bonne pour quelques-uns; elle renfermera
les enfants tombés en récidive, pour lesquels on ne saurait être
trop sévère, et les enfants dont la corruption morale est si
grande et si précoce qu'il y a peu d'espoir de les sauver; elle
restera comme un épouvantail, comme une juste punition; elle

restera pour le jeune détenu comme l'exception ; jamais, Messieurs, jamais comme la règle.

« Après avoir vu le pénitencier de Paris, nous dirigeâmes nos pas vers celui de Bordeaux, fondé dans le temps par Monseigneur l'évêque actuel d'Alger ; le premier en France ce digne prélat essaya de remplir la difficile mission de la réforme des prisons, et ses premiers essais ne furent pas sans importance. Ce pénitencier nous parut convenable ; toutefois nous aurions désiré le voir placé dans un local plus vaste et dont la surveillance fût plus facile. L'abbé Buchon, digne successeur de Monseigneur Dupuch, animé d'une charité non moins vive et non moins active, ne laissera pas cette belle œuvre incomplète ; nous savons qu'il a introduit dans son établissement d'importantes réformes, et que c'est à l'agriculture aussi qu'il veut demander ses succès.

« Renfermé dans l'enceinte de la prison de Perrache, le pénitencier de Lyon est confié à l'habile direction des excellents Frères de Saint-Joseph, dont M. l'abbé Rey est le fondateur. Ces messieurs font là aussi un grand bien ; mais le local est encore un invincible obstacle à la réalisation des excellents projets des directeurs de l'œuvre.

« Enfin nous visitâmes en dernier lieu la colonie agricole de Mettray, près Tours, dirigée par MM. de Metz et de Bretignères.

« Messieurs, nous le déclarons ici bien haut, les deux hommes de bien que nous venons de nommer ont dressé en France une bannière sous laquelle beaucoup viendront se ranger. Honneur à ces amis de l'enfance malheureuse ! Nous les avons vus au milieu de leurs enfants, vénérés et bénis, recueillant les fruits de leurs généreux sacrifices et de leur incompréhensible dévouement. Mettray n'est pas entouré de murailles, des baïonnettes n'empêchent pas les évasions ; la bonté, la douceur ont enchaîné ces heureux enfants : dans les champs qu'ils cultivent, ils ont retrouvé le bonheur, la paix, le calme de la conscience, un riant visage, une douce sérénité. La religion, Messieurs, est la reine de cet asile offert au repentir. La croix brille et plane au-dessus des habitations des colons, le clocher abrite leur enfance ; ils s'en souviendront un jour ; et si, parfois, courbés sous le poids du travail et de la chaleur, ils s'arrêtent abattus, un regard jeté sur l'instrument du salut et sur la douce image de

Marie leur fait facilement oublier leurs peines en ranimant leurs courages.

« Depuis notre première visite, Messieurs, nous sommes retournés plusieurs fois à Mettray, et toujours et plus que jamais nous sommes convaincus que les moyens employés dans cet établissement pour régénérer les jeunes détenus sont parfaitement en harmonie avec les besoins de cette classe d'enfants ; aussi toutes nos incertitudes sont fixées et elles l'étaient déjà en 1840 alors que nous revînmes vers nos enfants.

« A notre retour à Marseille, nous avions donc beaucoup vu et beaucoup appris : nous avions jeté un regard sur notre passé ; nous en fûmes mécontents. Nous avions été battus par tant de tempêtes, nos succès avaient été contrebalancés par tant de revers, qu'à peine pouvions-nous nous consoler d'avoir si peu fait. Mais pour l'avenir, Messieurs, il était à nous ; le gouvernement avait fait de nombreux sacrifices en faveur de nos enfants, et dès lors nous pouvions améliorer le service. Notre institution fut reconstruite sur de nouvelles bases : nos règlements revus et modifiés, une vaste propriété rurale acquise, de nouveaux bâtiments construits, la nouvelle colonie agricole reçut nos heureux enfants au mois d'octobre 1840.

« Ces changements, il faut le dire, furent d'abord désapprouvés, surtout par des personnes d'ailleurs bien intentionnées, qui ne concevaient pas un pénitencier sans grilles et sans barreaux de fer, sans portes et sans murailles soigneusement gardées ; mais depuis, le problème a été résolu. Nos enfants s'améliorèrent, et les plus incrédules avouèrent que nos espérances n'avaient pas été trompées. Dès la fin de la même année, la plupart de nos enfants avaient acquis l'habitude du travail ; c'était un grand point, car si une fois ils se dépouillaient de la paresse, cette mère de tant de vices et de crimes, tout était gagné.

« Un autre sujet de satisfaction nous vint encore ; il fut constaté que, parmi les 18 enfants sortis de notre maison pendant la première année, et qui nous avaient paru si mauvais pendant leur séjour au pénitencier, 3 seulement étaient tombés en récidive ; résultat immense, puisque auparavant il suffisait à un enfant de mettre une seule fois le pied sur le seuil de nos prisons pour qu'il fût sûr de fixer son domicile habituel dans cet affreux séjour, s'il n'arrivait pas plus tard jusqu'au bagne, bien des fois jusqu'à l'échafaud.

« Messieurs les juges avaient acquis à cet égard une telle
conviction qu'ils n'osaient presque pas condamner les enfants,
et que, redoutant pour eux l'air empoisonné des prisons, ils les
rendaient à leurs familles après une première, une seconde, et
quelquefois une troisième faute, dès qu'ils étaient réclamés.

« Enfin, dans cette même année, de nombreux actes de retour vers le bien nous prouvèrent que nos soins n'étaient pas
frappés de stérilité. Plusieurs de nos enfants nous avouèrent
leurs torts, demandèrent à être séparés de ceux de leurs compagnons qui les portaient au mal, et voulurent consacrer à la
restitution des sommes qu'ils avaient volées les légers profits
accordés à leurs travaux. Un d'entre eux nous donna les moyens
de restituer de l'argenterie qu'il avait cachée après un vol, et
voulut que cette valeur considérable fût rendue au propriétaire,
avant sa sortie de la maison, de peur, disait-il, d'être tenté de
se servir de ce bien mal acquis et d'être puni de cette nouvelle
faute. Dieu a béni la bonne volonté de ce pauvre enfant : il a per-
sévéré dans le bien, s'est établi dans un village, et gagne honorablement sa vie, entouré de l'affection de ceux qui le connais-
sent, et qui n'ignorent par les premières fautes de sa jeunesse.

« A cette époque cependant les vices honteux faisaient encore
bien des ravages ; mais du moins la rougeur montait au front
des coupables ; et certes c'était bien là un progrès, quand, un
an plus tôt, ces enfants s'abandonnaient publiquement, et sans
honte, aux actes de la plus révoltante indécence, bravant même
les punitions sévères que nous leur imposions en ces circonstances.

« C'est ainsi, Messieurs, qu'insensiblement le pénitencier
changea de face. Mais, depuis un an surtout, nous avons rapi-
dement marché dans la voie des succès. Toutefois, nous devons
le dire encore ici, nous sommes loin de croire à la bonté parfaite des moyens et du système pénitentiaire que nous appli-
quons aux maladies morales de nos enfants : l'avenir seul ré-
pondra à cet égard ; dans dix ans, peut-être, l'expérience sera
assez complète pour qu'il soit permis d'assurer que le but de
nos efforts est parfaitement atteint. Toutefois, Messieurs, ainsi
que je viens d'avoir l'honneur de vous l'exposer, depuis un an
surtout, nous sommes heureux des progrès de nos jeunes détenus, et nous tenons à vous prouver qu'ils ne sont pas indi-

gnes de l'intérêt dont ils sont entourés ; mais avant permettez-
nous d'entrer dans quelques détails.

« De 1839 à 1842 nous avons opéré sur 255 enfans ; 13 sont
entrés chez nous ayant moins de 10 ans ; 209 ayant de 10 à
16 ans, et 33 au-dessus de 16 ans. Dans ce même espace de
temps, nous avons eu 141 sorties ou libérations ; 3 avaient, à
la sortie, moins de 10 ans ; 92 avaient de 10 à 16 ans; 46 étaient
âgés de plus de 16 ans. Ajoutons que, sur les 141 libérés, 95 sont
sortis après expiration de jugement ; 2 ont été graciés ; 19 réin-
tégrés dans les maisons centrales pour leur mauvaise conduite,
et 23 sont décédés ; 2 enfants idiots, dirigés par erreur sur
notre pénitencier, ont été transférés dans une maison de santé.
Enfin 87 avaient passé moins d'un an dans notre maison ; 45
plus de 1 an, et 9 plus de 2 ans.

« L'état civil de nos jeunes détenus présente aussi de curieux
renseignements sur nos 255 enfants ; 115, à leur entrée à la
maison, avaient encore père et mère ; 36 n'avaient que leur
père ; 42 n'avaient que leur mère ; 42 étaient orphelins de père
et de mère ; 20 étaient abandonnés. Sur ce nombre encore, 104
avaient des parents honnêtes ; 89 appartenaient à de mauvaises
familles ; 10 avaient père ou mère en prison ; 3 étaient enfants
de condamnés aux galères, et 49 n'avaient que des parents
d'une conduite fort douteuse. En outre, sur la totalité de nos
enfants, 202 appartenaient à la population des villes, et 53
seulement à celle des campagnes.

« Nos enfants sont divisés en trois catégories : la première
renferme ceux qui sont condamnés, en vertu de l'article 69 du
Code pénal, comme ayant agi avec discernement; ils ne sor-
tent jamais du local spécial qui leur est affecté, et qui a été con-
stitué prison par arrêt ministériel. Pauvres enfants! que ne
sommes-nous libres de les employer, eux aussi, aux travaux
des champs ; sans aucun doute ils répondraient à notre attente
et s'amélioreraient ; mais la loi est là, et nous devons la respec-
ter. Cependant, Messieurs. un jour, peut-être, il nous sera donné
de réaliser en leur faveur un projet qui nous occupe depuis
longtemps ; et si jamais nous rencontrions sur notre route une
de ces providences qui versent les trésors en abondance, nous
saurions les moyens de concilier pour ceux-là aussi les terri-
bles exigences de la loi avec le système d'amélioration basé sur
l'agriculture !

« La seconde catégorie renferme les enfants acquittés comme
ayant agi sans discernement, mais retenus, en vertu de l'article 66 du Code pénal, pour être élevés aux frais de l'État,
dans une maison d'éducation correctionnelle. Ceux-ci ont l'espoir de parvenir un jour à la liberté provisoire, s'ils méritent
cette faveur par une application constante à la pratique de
leurs devoirs.

« Enfin la troisième catégorie comprend les jeunes détenus
qui jouissent de la liberté provisoire, et forment à eux seuls la
division de la colonie agricole et industrielle.

« Les détenus de la première catégorie sont exclusivement
employés à des travaux industriels, aussi bien que ceux de la
seconde, à la différence que, parmi ces derniers, ceux qui de-
vront être employés plus tard aux travaux agricoles, soit à raison de leurs antécédents, soit à raison de leur position respec-
tive ou de celle de leur famille, sont placés dans des ateliers
ayant quelque rapport avec l'agriculture, ou du moins apprennent un état qu'ils pourront exercer avec avantage dans les
plus petits hameaux et pendant les longues soirées d'hiver.

« Les détenus de la troisième catégorie travaillent presque
tous aux champs ; ils font de rapides progrès en agriculture.
Le comice agricole de Marseille a choisi notre propriété pour
en faire son champ d'expérience. Chaque année des primes et
des médailles sont données en prix aux laboureurs qui manient
le mieux la charrue, taillent les arbres avec intelligence, ou
introduisent une amélioration dans la culture. Au concours,
deux de nos jeunes gens ont remporté chacun une médaille
d'argent, et tous les invités à la fête champêtre ont été frappés
des connaissances que possèdent nos jeunes agriculteurs.
Ajoutons qu'en hiver on leur donne des leçons spéciales, et
qu'ainsi l'étude de la théorie vient se joindre à la pratique. La
colonie possède aussi une boulangerie, une magnanerie, une
vacherie et une porcherie ; nos enfants apprennent à panser
les chevaux, et font à tour de rôle le service des écuries ; car
nous les destinons non seulement à être de simples jardiniers,
mais encore et surtout de bons valets de ferme, ce qui les éloi-
gnera des villes et assurera leur avenir.

« Dans la maison d'éducation correctionnelle, nous avons des
ateliers pour cordonniers, tailleurs, tisserands, menuisiers,
ébénistes, relieurs, graveurs et bahutiers. Nous augmenterons

le nombre de ces ateliers, parce que, autant que possible, nous ne sortons pas l'enfant de la position qu'il occupait avant son entrée dans l'établissement. Dans notre opinion, ce serait perdre son temps que d'employer aux travaux des champs le fils d'un tisserand ou d'un menuisier habitant la ville. A l'expiration de sa peine, il est évident que l'enfant prodigue, revenu à de meilleurs sentiments, est attiré par la famille, surtout si celle-ci est bonne, et qu'il importe de procurer à l'enfant les moyens de gagner sa vie et de n'être pas à charge à ses parents. Aussi ferons-nous agriculteurs les orphelins, les enfants trouvés ou abandonnés, les enfants nés dans la campagne ou appartenant à de mauvais parents; mais le fils du cordonnier apprend l'état de son père, comme le fils du menuisier ou du tailleur honnête reçoit une éducation industrielle qui puisse le fixer dans la maison paternelle.

« A ces détails sur nos ateliers, nous ajouterons, Messieurs, un état statistique qui achèvera de faire ressortir les avantages de notre système. Sur 255 enfants entrés dans l'établissement, 21 seulement avaient un commencement d'apprentissage; 234 ne savaient absolument rien. Nous avons placé 26 enfants à l'atelier de menuiserie, 59 à l'atelier des tailleurs, 11 à celui des tisserands, 81 à celui des cordonniers, 3 à celui des figuristes; 4 sont devenus ébénistes, 11 graveurs, 8 relieurs, 4 bahutiers, et 31 agriculteurs. De 1839 à 1840, nous avons eu, ainsi qu'il a été expliqué antérieurement, 141 sorties. Sur ce nombre, 78 savaient parfaitement leur état. Il y avait parmi eux 15 menuisiers, 20 tailleurs, 5 tisserands, 29 cordonniers, 2 ébénistes, 3 agriculteurs, 1 relieur, 5 soldats, et 7 marins; 63 autres avaient fait un assez long apprentissage pour qu'il ait été facile de les placer avantageusement chez des maîtres qui se sont chargés d'eux moyennant un léger sacrifice. Parmi ces derniers, 5 étaient menuisiers, 13 tailleurs, 6 tisserands, 22 cordonniers, 9 graveurs, 1 figuriste et 1 ébéniste; 6 sont sortis de la maison ne sachant aucun état, leur séjour ayant été de trop courte durée.

« Tous nos jeunes détenus reçoivent aussi des leçons quotidiennes de lecture, d'écriture et de calcul; on leur fait le catéchisme deux fois par semaine; le dimanche et le jeudi on les exerce à chanter, et on leur donne quelques notions de musique vocale. Ici encore, Messieurs, des chiffres feront apprécier les progrès de nos enfants à l'école.

« A leur entrée dans la maison, 58 enfants savaient lire et
écrire, 37 ne savaient que lire, 160 ne savaient ni lire ni écrire.
Des 141 sortis, 112 savaient lire et écrire, 11 lire seulement ;
18 ne savaient ni lire ni écrire, parce qu'ils n'avaient pas fait
un assez long séjour au pénitencier pour profiter des leçons de
l'école. Nous devons dire ici que ces excellents résultats ont été
obtenus au moyen de l'ingénieuse méthode inventée pour les
jeunes détenus de la prison de la Roquette par M. de Villard,
aujourd'hui directeur de la prison des Madelonnettes.

« Quant à l'éducation religieuse de nos enfants nous aurons
peu de chose à en dire : confiée à des ecclésiastiques dévoués,
liés devant Dieu par des promesses solennelles qui les consacrent
au service des prisonniers, elle est nécessairement l'objet d'une
grande sollicitude ; nos enfants sous ce rapport ont répondu à
nos soins : complétement ignorants à leur entrée dans l'établissement, n'ayant encore rempli aucun devoir religieux, plus des
deux tiers ont été admis aux sacrements après les épreuves
convenables. Nous les voyons avec bonheur, aux grandes solen-
nités de la religion, s'approcher en nombre de la sainte table :
ce qui est d'autant plus remarquable que, si nous exigeons
qu'ils se présentent au confessionnal quatre fois l'année, nous ne
leur parlons jamais de communion. Cette action est, selon nous,
d'une trop grande importance pour que nous ne leur laissions
pas toute liberté. Du reste, si nous notons exactement ceux qui
sont pieux et remplissent les actes de la religion, nous le faisons secrètement, et même, comme nous avons grand'peur de
l'hypocrisie, sachant combien elle est nuisible et dangereuse,
nous prenons toutes les précautions possibles pour qu'aucune
préférence marquée ne soit accordée à ceux qui donnent des
marques extérieures de dévotion.

« Maintenant, Messieurs, les habitudes générales de nos enfants sont des habitudes d'ordre, de travail et de soumission ;
nous voyons avec plaisir les nouveaux venus rechercher volontiers la compagnie de ceux de leurs camarades dont la conduite
est bonne, et ceux-ci accueillent avec empressement les enfants qui se rapprochent d'eux pour se prémunir contre les
mauvais sujets : tous s'ouvrent facilement aux gardiens que
nous leur avons donnés. Les pères et les frères de notre
société savent qu'ils doivent prêcher ces enfants plus encore
par l'exemple que par la parole. De leur côté les jeunes détenus

respectent leurs chefs d'ateliers, parce que ceux-ci sont revê-
tus d'un caractère religieux, et qu'ils travaillent au milieu
d'eux. Quant aux mœurs, elles sont devenues plus pures ; nous
avons rarement à infliger des punitions pour des fautes contre
la décence. Nous ne dirons pas pour cela que le vice ne fait
plus de ravages ; de quelle maison d'éducation pourrait-on
l'affirmer ? Mais du moins il se cache, il est moins fréquent, ses
conséquences sont moins graves, et la santé de nos enfants s'est
singulièrement améliorée. Voici, Messieurs, l'extrait d'un rapport que m'adressait à ce sujet le médecin de la maison, au
commencement de cette année.

« Dans le courant de 1841, m'écrivait-il, la mortalité avait
« atteint un chiffre inquiétant ; depuis les premiers mois de
« 1842, le chiffre des mortalités a si subitement décru que nous
« n'avons eu jusqu'à ce jour, 8 janvier 1843, que deux décès.
« En 1841 le nombre des malades avait été souvent si grand
« que l'infirmerie n'avait pu toujours les contenir ; en ce mo-
« ment, c'est-à-dire au milieu de l'hiver, trois lits seulement
« sont occupés. Cette différence bien constatée, j'ai dû, con-
« tinue le docteur, rechercher quelles en étaient les causes.
« Dans les époques précitées, la maison se formait ; chaque
« jour voyait arriver un nouveau détenu. Le changement brus-
« que de vie, la privation de la liberté, le regret du pays,
« l'acclimatement étaient autant d'épreuves à subir, autant de
« causes imminentes de maladies pour chacun d'eux ; mais il y
« avait plus encore : ils apportaient des habitudes pernicieuses,
« des vices dégradants, empruntés à leur vie, et davantage,
« peut-être, aux prisons départementales, d'où plusieurs sont
« revenus infectés d'une maladie honteuse. C'est à toutes ces
« causes que l'on doit principalement attribuer la grande mor-
« talité. — J'ai trouvé à mon entrée à la maison un détenu ago-
« nisant, couvert de plaies, horriblement déformé par une carie
« de la colonne vertébrale, résultat de l'infection vénérienne
« et du vice solitaire.

« Aujourd'hui la population de la maison est à peu près au
« complet ; elle ne se renouvelle que peu à peu. L'heureuse
« influence de la discipline, du travail, de la religion s'est éten-
« due sur tous ces malheureux ; avec l'amélioration morale est
« venue l'amélioration physique. De toutes les causes de ma-
« ladie, l'épuisement causé par le vice solitaire est le plus com-

« mun. Seul, il produit un grand nombre d'affections morbides,
« et il les complique toutes gravement. Le travail et les idées
« religieuses ont guéri un grand nombre de détenus de cette
« habitude désastreuse.

   « Aussi la durée commune des maladies est moindre, moin-
« dre aussi est leur gravité. Nous ne voyons plus si souvent de
« simples catarrhes se transformer en phthisies pulmonaires ;
« nous n'avons plus de ces caries osseuses si douloureusement
« mortelles.

   « Il est à remarquer que les maladies ne frappent les détenus
« que dans un certain cercle ; je veux dire qu'on voit surtout
« entrer à l'infirmerie ceux qui fuient le travail, qui sont re-
« belles à tout amendement. Au contraire il est très-rare de
« voir malades les bons travailleurs. Ainsi, pendant les sept
« derniers mois, aucun des enfants occupés aux travaux agri-
« coles n'est entré à l'infirmerie.

   « C'est que le travail, déjà utile par lui-même, l'est plus en-
« core en préservant les enfants du vice. »

   « Tels sont, Messieurs, les faits observés par notre médecin ; nos propres observations confirment l'exactitude de ces
aperçus.

   « Sur 92,588 journées, 89,892 l'ont été en santé, et 2,696
seulement en maladie. Enfin, au 1er janvier de cette année, un
seul enfant était à l'infirmerie, 103 avaient acquis une santé
très-robuste ; nous n'avions que 11 enfants plus faibles.

   « Du reste, Messieurs, pour détruire dans nos enfants les fu-
nestes habitudes du vice, nous avons employé un moyen qui
nous a bien réussi. Tous les mois, les enfants sont amenés en
notre présence et l'un après l'autre dans la salle de l'administration. Pour donner de la solennité à cet examen auquel
sont soumis indistinctement tous les enfants, nous sommes entourés du médecin, du sous-directeur et de l'aumônier de la
maison. Autour de la table siégent également les Frères directeurs de la surveillance générale et les Frères chefs des ateliers. Chaque enfant est examiné et interrogé avec prudence
et ménagement. Il est facile, d'après sa conduite habituelle et
les notes des Frères, de juger des habitudes du jeune détenu : s'il est coupable, nous lui faisons une sévère réprimande,
et, sans nous en expliquer clairement, dans la revue générale
qui termine l'inspection, nous le désignons à ses camarades

comme un mauvais sujet qu'il faut fuir. Cette inspection, la crainte d'être proclamés, la persuasion dans laquelle sont nos enfants qu'à cet égard nous ne nous trompons jamais, les arrête si bien que nous en avons vus, malades par suite de cette mauvaise habitude, se corriger peu à peu et revenir promptement à une parfaite santé; et puis les conseils de la religion, les larmes abondantes que nous versons sur eux alors que nous recevons leurs confidences intimes, font germer en ces cœurs les saintes résolutions qui préservent du vice, et ainsi nous devient plus aisée la difficile mission que nous avons entreprise.

« J'ai dit, Messieurs, que nos jeunes gens se comportent généralement bien : 20 au moins se sont maintenus plus d'un an au tableau d'honneur, 10 y sont depuis plus de deux ans ; et certes il ne leur est pas aisé d'y parvenir, parce qu'il faut n'avoir mérité aucune mauvaise note pendant trois mois pour obtenir cette inscription. Dans toute cette année les punitions extraordinaires ont été très-rares; nous n'avons jamais eu plus de deux enfants en cellule, et encore les cellules de punitions ont été vides pendant bien des mois. Quant aux peines disciplinaires infligées le dimanche, d'après la proclamation publique des fautes de la semaine, elles ont été modérées et n'ont jamais atteint le quart des enfants. Toutefois nous devons dire que nous sommes contraints d'infliger des punitions fréquentes pour défaut de propreté et de soins des vêtements; à la revue passée tous les dimanches, à l'issue de la messe, les observations à cet égard sont toujours nombreuses.

« La musique, Messieurs, a contribué à nos succès ; elle nous a grandement aidés pour adoucir le caractère des enfants et en améliorer le moral. C'est un fait curieux à signaler, qu'ayant composé notre corps de musique de nos plus mauvais sujets, pensant pouvoir les soustraire plus tard aux dangers de la récidive en les plaçant comme gagistes dans les musiques des régiments, nous sommes forcés de convenir maintenant que nos musiciens donnent le bon exemple et sont devenus peut-être les meilleurs ouvriers et les plus dociles. Aussi augmenterons-nous le nombre de nos musiciens dès que nos ressources nous le permettront.

« Nous avons aussi une pompe à incendie et un corps de pompiers : 20 enfants sont exercés à ces manœuvres et prêts de

nuit et de jour à courir au feu s'ils étaient appelés ; mais cette
compagnie d'élite est exclusivement composée des meilleurs
sujets et des plus courageux ; c'est un grand honneur que d'y
être admis, et ce serait une terrible punition que d'en être ex-
clus.

« La plupart de nos jeunes détenus paraissent comprendre
maintenant l'utilité des mesures prises pour arriver à leur procurer les moyens de gagner honorablement leur vie. Ce qui
le prouverait, Messieurs, c'est leur activité, l'application qu'ils
apportent à bien confectionner les ouvrages qui leur sont confiés.
Finir en peu de temps leur apprentissage, pour recevoir le sa-
laire de leurs travaux, est aussi un de leurs plus vifs désirs. Peu
se permettent de disposer du gain qui leur est accordé, pour se
procurer quelques douceurs ; beaucoup thésaurisent pour ache-
ter des outils ; à leur sortie de la maison, ils sont presque tous
munis des instruments nécessaires à l'exercice de la profession
qu'ils ont embrassée. Enfin la reconnaissance qu'ils ont pour
leurs maîtres d'atelier, les avis qu'ils viennent chercher auprès
d'eux quand ils sont sortis, la permission que nous demandent
ceux qui ne sont pas assez habiles, de rester chez nous pour
continuer leur état dans la maison après la mise en liberté,
prouvent évidemment qu'ils sentent le prix des sacrifices que
l'on fait pour eux et qu'ils ont la volonté d'en profiter.

« Au dehors, Messieurs, et après la mise en liberté, nos enfants nous donnent aussi de vives consolations : car nous ne les
abandonnons pas lorsqu'ils sont rejetés au milieu des dangers du
monde ; nous les suivons constamment, nous veillons sur eux ;
pas une de leurs démarches ne nous échappe. Alors peut-être
notre sollicitude est encore plus excitée et plus vigilante ; et,
nous sommes heureux de le dire, ils ne redoutent pas le patro-
nage qui les entoure. Sans doute nous avons eu des chutes à dé-
plorer, mais ceux qui nous ont donné ce sujet de chagrin avaient
été gâtés dans les prisons ordinaires et étaient déjà presque tous
en récidive à l'époque où ils nous ont été confiés.

« Voici, Messieurs, ce que sont devenus nos enfants après
leur sortie de l'établissement et quelle est leur conduite.

« Nous avons dit que 141 enfants étaient sortis du pénitencier
depuis 1839 ; sur ce nombre 1 seul a échappé à notre surveillance ; nous avons également fait connaître que 23 sont décédés ;
de plus 2 ont été transférés dans une maison d'idiots, et 18

transférés pour inconduite dans les maisons centrales; 41 ont été placés par nos soins, et 56 remis à leur famille. Sur les 41 placés par nos soins, 7 sont marins, leur conduite est bonne; 5 sont soldats: 1 d'entre eux a une mauvaise conduite; 28 autres, placés chez des maîtres ouvriers, se comportent bien, 1 est tombé en récidive. Des 56 remis à la famille, 41 sont placés et se comportent bien, 6 ont une mauvaise conduite, 9 sont tombés en récidive. En résumé, nous avons eu à peu près 10 récidives sur 100 sorties. Ces chiffres, Messieurs, sont de la plus rigoureuse exactitude; ils font ressortir la bonté de notre système, puisque, dans les prisons ordinaires, les récidives connues sur les sorties s'élèvent à 30, 40 et 60 pour 100.

« Notre établissement reçoit aussi beaucoup d'enfants africains; il sera très-intéressant de constater plus tard leurs progrès à l'atelier et à l'école. On peut dire dès à présent que leur transférement en France est pour eux un véritable bienfait. Ces pauvres infortunés Algériens, venus chez nous dans un état voisin de la barbarie, se civilisent aisément, se font à nos mœurs et à nos coutumes, apprennent avec une merveilleuse facilité à lire, écrire et parler français; quelques-uns d'entre eux sont entrés dans notre musique militaire. Pour leur conduite, elle est aussi bonne qu'on peut l'exiger d'enfants peu civilisés : vindicatifs néanmoins, ils supportent difficilement les railleries de leurs camarades, mais respectent l'autorité des maîtres, sont dociles, et s'occupent volontiers, quoiqu'avec lenteur; ils préfèrent, en général, le travail des champs; et, s'ils étaient plus actifs, ils pourraient devenir aussi habiles que nos meilleurs agriculteurs.

« Encore quelques lignes, Messieurs, sur la nourriture, le coucher et le régime disciplinaire de l'établissement, l'état de nos ressources et de nos dépenses, et nous aurons terminé.

« Rien n'est plus simple que le régime alimentaire de notre institution; il ne diffère, ni pour la quantité ni pour la qualité des mets, de celui des familles d'ouvriers ou d'agriculteurs de nos contrées; seulement, les jours gras, les aliments sont toujours animalisés, ce qui maintient les enfants en bonne santé et combat les maladies scrofuleuses dont ils ne sont que trop souvent atteints à leur entrée dans la maison.

« Les vêtements sont d'un tissu de fil et coton, tant en été qu'en hiver; une blouse gris bleu, une ceinture de cuir, un pan-

talon à guêtres et un béret, forment tout l'équipement de nos
enfants.

«Les dortoirs sont établis de manière à ce que chaque détenu
a une cellule dont le mobilier se compose d'une paillasse sur
trois planches fixées au mur et d'un crochet pour pendre les
habits. Des ventilateurs renouvellent sans cesse l'air des cellules, dont les portes ont un guichet par lequel le Frère sur-
veillant peut voir l'enfant sans en être vu; aucun de ses
mouvements ne nous échappe, et en tête de chaque rangée de
cellules se trouve la chambre d'un Frère. Par ces moyens, nous
avons pu arrêter beaucoup de mal, tout en parant aux graves
inconvénients que nous paraissent offrir les dortoirs en commun. Nous n'ignorons pas qu'à cet égard les avis sont partagés;
mais, quelles que soient les opinions qui aient été émises par
des hommes très-graves, quel que soit le mode de couchage mis
en pratique dans d'autres établissements où règnent un ordre et
une discipline parfaite, pour nous, nous sommes profondément
convaincus que la cellule de nuit est la meilleure protectrice des
mœurs. Malgré la surveillance la plus active faite dans un dortoir commun, il nous semble bien difficile d'apercevoir et de ré-
primer toujours des mots, des gestes, des regards; dans la cellule, rien de semblable n'est à craindre. De plus, lorsque l'enfant
n'ignore pas qu'un œil attentif veille sur lui et peut le surpren-
dre, quoique seul, il gardera bien mieux les règles de la plus
exacte modestie. Au reste, ce n'est point au dortoir qu'il faut
attaquer le vice; c'est à l'atelier, en récréation; fatiguez l'enfant, habituez-le au travail; qu'il aille se coucher déjà à moitié
endormi, et vous aurez atteint le but. Le régime disciplinaire est
également très-simplifié.

« Les récompenses consistent dans les bonnes notes, lues publiquement à la revue faite par le directeur à l'issue de la messe
du dimanche, dans l'inscription au tableau d'honneur, dans les
grades accordés à ceux qui se distinguent par une bonne action
ou par une application constante au travail, dans les prix accordés chaque année à ceux qui n'ont mérité aucun reproche.

« Pour les punitions, elles sont sévères quelquefois, mais
toujours appliquées plusieurs heures, souvent plusieurs jours
après la faute commise, pour qu'infligées d'une part avec sang-
froid et reçues de l'autre après réflexion, elles soient plus
salutaires et acceptées avec plus de soumission. Les puni-

tions sont : le cachot, la cellule noire, la cellule claire, le pain et l'eau, la radiation du tableau d'honneur, la perte du grade, et, dans quelques cas très-graves, la dégradation et la peine du boulet.

« Voici le résumé de nos ressources et de nos dépenses. Nos bâtiments qui peuvent renfermer deux cents enfants nous ont coûté 40,000 francs ; le sol sur lequel est bâti le pénitencier 30,000, et la propriété rurale où travaillent nos colons 150,000. Le prix du mobilier et les frais de premier établissement n'ont pas monté à moins de 100,000 francs, dépense peu élevée si l'on considère que nous avons travaillé pour l'avenir et que maintenant tout se borne à l'entretien.

« Le gouvernement a bien voulu nous accorder deux allocations qui nous ont grandement aidés. Il nous donne en outre une somme de 80 francs par an pour le trousseau de chaque détenu, et 80 centimes par jour pour sa nourriture. Ces sommes ont été jusqu'ici loin de nous suffire ; la charité publique est venue à notre secours ; on a fait en notre faveur des quêtes et des legs ; nous avons des fondateurs qui souscrivent pour 100 francs, et d'autres donateurs. Notre propriété rurale nous offre une ressource précieuse. Nos ateliers, formés d'apprentis qui nous quittent dès qu'ils savent leur état pour être remplacés par des enfants inhabiles, sont au contraire une charge pour nous.

« L'entretien de chaque enfant, qui la première année s'élevait à 1 franc 30 centimes, ne coûtait que 1 franc 20 centimes la seconde et la troisième année ; aujourd'hui il ne dépasse pas 1 franc 10 centimes. Mais ce chiffre baissera encore, et nous espérons que plus tard l'allocation du gouvernement nous suffira pour faire face à nos dépenses.

« Telle est, Messieurs, l'organisation de notre maison d'éducation correctionnelle ; les moyens que nous employons pour moraliser nos enfants sont simples et ont déjà produit d'heureux effets : espérons que ces résultats seront plus remarquables encore lorsque nous aurons acquis une longue expérience et mieux étudié ces bizarres natures d'enfants. Aussi bien, Messieurs, nous aimons ces infortunés, et nous avons foi en la sainteté de la sublime mission qui nous est confiée. Que ne nous est-il donné de répandre les bienfaits de cette œuvre sur tous les jeunes détenus sans exception !

« Si le Seigneur donne l'accroissement à la petite Société de

Saint-Pierre que nous avons fondée, et au sujet de laquelle le souverain Pontife a daigné nous adresser les encouragements les plus formels; si le noviciat où nos Frères se forment à l'exercice des pénibles fonctions auxquelles ils sont voués est soutenu par ceux qui comprennent cette œuvre intéressante, peut-être pourrons-nous un jour réaliser ces projets, peut-être pourrons-nous aussi nous associer à ces œuvres, éminemment religieuses et sociales, qui s'élèvent de toute part, accepter la direction des colonies agricoles, des ateliers, travailler, partout où l'on nous appellera, à l'éducation morale, religieuse et professionnelle des jeunes détenus, des jeunes libérés, des orphelins et des pauvres; en un mot, étendre notre action sur tout ce qui est jeune et délaissé, faible et abandonné, coupable ou exposé à le devenir. Et cela, Messieurs, sera un grand bien; car ainsi, et ainsi seulement, nous pouvons régénérer la classe pauvre et épargner à notre patrie bien des maux. Laissez-moi espérer, Messieurs, que ces vœux seront exaucés dans un avenir prochain, et que des cœurs généreux, instruments bénis de la Providence, nous viendront en aide pour accomplir cette mission. »

Paris. — Imprimerie d'A. René et Cⁱᵉ, 32, rue de Seine.

LE

# CORRESPONDANT,

## REVUE MENSUELLE.

### RELIGION, PHILOSOPHIE, POLITIQUE, SCIENCES. LITTÉRATURE, BEAUX-ARTS.

Le 15 avril, le *Correspondant* a fait paraître le quatrième numéro qui commence son second volume. Rédigée par des hommes dont les noms pour la plupart sont connus et la foi catholique éprouvée, cette Revue se place entre les publications spécialement destinées au clergé et celles qui ne savent s'adresser au monde qu'en flattant ce qu'il y a en lui de futile ou même de vicieux. Nulle question de principe ou de circonstance ne lui est étrangère. La religion y domine tout, en ce sens que la science, la philosophie, l'histoire, la politique, la littérature et les beaux-arts viennent tour à tour s'y éclairer à cette lumière supérieure.

Tenir les hommes religieux au courant des idées et des faits qui partout agitent les nations, offrir aux gens du monde une critique intelligente et sûre des œuvres du siècle, exciter tous les nobles sentiments, encourager toutes les bonnes pensées, tel est le but de ce recueil.

Mais la société où nous vivons n'est pas seulement la France, c'est le monde. Pour chacun aujourd'hui l'intérêt est partout, et plus que jamais le nom de catholique impose des devoirs, parce que plus que jamais le monde semble s'apprêter à lui donner son entière réalisation, son acception de fraternité la plus étendue. *Le Correspondant* ne l'oublie pas; des renseignements et des études sur les pays les plus lointains et les moins explorés le prouveront chaque jour davantage.

L'esprit du *Correspondant* est maintenant jugé. On sait que ses rédacteurs, simples fidèles, aidés et soutenus, il est vrai, par le concours de quelques ecclésiastiques, ne se portent point les organes de la foi ni pour les interprètes du clergé; qu'ils n'aiment, en matière si sérieuse que la religion, ni le bruit ni la mode; qu'ils professent à l'égard du pouvoir une indépendance entière de pensée sans hostilité de système, prêts à combattre seulement ceux qui voudraient faire de la religion un instrument de puissance, *instrumentum regni*; qu'entre eux, enfin, ils admettent, avec la nécessité du concert, sous l'empire d'une croyance commune, une grande liberté selon la direction de chaque intelligence et la diversité qu'impose à l'énonciation de la pensée catholique la différence des habitudes de l'esprit et le caractère souvent opposé des préoccupations terrestres.

## TABLE DES ARTICLES

### CONTENUS DANS LES QUATRE PREMIÈRES LIVRAISONS.

MICHEL. — Rapports des Maîtres et des Serviteurs dans la société chrétienne, par le baron de MONTREUIL. — Le révérend Père Lacordaire, par Th. SAINTE-FOI. — M. Boniface, par Édouard OURLIAC. — De la liberté d'enseignement, par E. WILSON. — Mémoires pour servir à l'Histoire d'une forêt, par Henri de RIANCEY. — De la Tradition littéraire en Italie, par A.-F. OZANAM. — L'Honnête Femme, par L. VEUILLOT. — Mémoire présenté à l'Académie des Inscriptions et Belles-Lettres : les Ruines d'Ani, par Eug. BORÉ. — Aperçu de l'Histoire de la Théologie, par H. MARET. — Des Pensées de Pascal, par M. V. Cousin; par Th. FOISSET. — Du parti conservateur et de sa politique depuis 1830, par L. de CARNÉ. — Le Cloître de Villemartin (extrait d'un poëme de M. A. GUIRAUD, de l'Académie Française). — Histoire de Dix Ans, de M. Louis Blanc, par Alfred de COUTCY. — De l'Océanie, par G. DE LA LANDELLE. — Le Pénitencier agricole et industriel de Marseille; rapport par M. l'abbé FISSIAUX. — Revues politiques. — Revues scientifiques. — Bulletins littéraires.

---

## CONDITIONS DE LA SOUSCRIPTION.

*Le Correspondant* paraît le 15 de chaque mois, par livraison de 9 feuilles gr. in-8°, et forme tous les trois mois un vol. de 432 pages.

---

### PRIX DE L'ABONNEMENT :

| PARIS. | DÉPARTEMENTS. | ÉTRANGER. |
|---|---|---|
| Un an . . . . 32 fr | 35 fr. | 38 fr. |
| Six mois . . 17 | 18 50 c. | 21 |

## ON SOUSCRIT

### à Paris, à la librairie de WAILLE,

rue Cassette, 8;

### DANS LES DÉPARTEMENTS,

*Chez les Directeurs des postes et des messageries, les principaux Libraires, etc.*

Tout ce qui concerne la rédaction et l'administration du *Correspondant* doit être adressé *franco* à M. WAILLE, gérant, rue Cassette, 8.

---

## AVIS.

Par suite d'arrangements pris avec l'éditeur du *Nouveau Correspondant*, les anciens abonnés de ce recueil recevront, s'ils veulent bien en adresser la demande à M. Waille, gérant du *Correspondant*, les numéros de la Revue actuelle jusqu'à concurrence de la somme qu'ils auraient payée d'avance.

N. B. Il reste encore à la librairie de Waille, successeur de M. Olivier-Fulgence, des exemplaires du *Nouveau Correspondant*, 4 vol. in-18 jésus. 12 fr.
Pour les souscripteurs du *Correspondant*.                                        10 fr.

www.ingramcontent.com/pod-product-compliance
Lightning Source LLC
Chambersburg PA
CBHW070748280326
41934CB00011B/2839